Emmanuel OBAKAMBA
OMBANA

LA CORRUPTION UN PECHE QU'IL FAUT FUIR…

Je dédie ce livre :

Au Saint-Esprit, le Gouverneur Général du royaume des cieux qui est la raison même de mon existence et la source d'inspiration de cet ouvrage.

A mes filles OZE et Edna qui, par la grâce de Dieu annonceront le message de l'évangile aux nations…

A ma chère femme Anita, pour son amour et son constant soutien.

REMERCIEMENTS

Mes remerciements vont à l'endroit d'Impact Centre Chrétien :

Pasteur Yvan CASTANOU et Alexandre YEBE, ainsi que l'ensemble des Collaborateurs…

Au Centre d'Évangélisation Béthanie :

Révérend Francis Michel MBADINGA
Pasteurs : Jean EYOGO, Claude Léandre NZAMBA MICKOLO, Ingrid ONTOULA.
Prophète Yvan Rene NKOGHO MBA, ainsi que l'ensemble des collaborateurs

Je voudrais également remercier ma famille : Mame Kumb, Tate D.D.DI- NDINGE, Maman Nika, Manying
Garandeau, Nathalie Chanville
Solange M, Emery M, Raéticia M,

Mamans Nono M.M.H
Léontine ENGONE, Yvette, I Yolande, Talib M, Bosco B, Carina M, Maryse A.
Ainsi que ceux qui à divers stades ont contribués à faire de ce livre une réalité…

Table des Matières

Introduction.

I : Parents Chrétiens, quelle éducation pour nos enfants ?

II : La prospérité de la société en dépend.

III : Qu'est- ce qui vous surprend ?

IV : Qu'est- ce que la Corruption ?

V : Les formes de corruption.

VI : Les causes de la corruption.

VII : La corruption, un problème de société.

VIII : La corruption, un problème spirituel.

IX : Les Conséquences de la corruption.

X : Le chrétien face à la corruption.

Epilogue

LA CORRUPTION UN PECHE QU'IL FAUT FUIR...

Introduction.

Dans tous les pays du monde, on parle aujourd'hui de lutte contre la corruption. Le phénomène de corruption se répand partout comme un fléau. Se manifestant sous plusieurs formes et à divers degrés, elle gagne de plus en plus de personnes, d'institutions et même les plus insoup- çonnés.
La lutte implacable que certains de nos
Gouvernements livrent contre ce fléau fait penser à son caractère dangereux et pernicieux. Dans certains domaines, le système est tellement enraciné qu'il est érigé en norme de bonne gouvernance. De ce fait, on se demande ce à quoi

peuvent aboutir ces luttes. D'où plusieurs interrogations.

Une gangrène qui pour notre société civilisée et dont personne n'est à l'abri. Les chrétiens ne sont, malheureusement, pas épargnés par ce phénomène.

Le but de ce livre est de parcourir d'un commun accord cet univers complexe en abordant d'abord la responsabilité des parents chrétiens dans l'éducation de leurs enfants, ensuite les manifestations et les effets qu'elle pourrait engendrer sur la foi, puis porter une analyse sur la possibilité d'enrayer ce fléau, savoir comment s'y prendre, et enfin présenter l'attitude que doit adopter le chrétien face à ce mal.

A travers les rencontres que vous ferez dans ce livre, je vois le voile de la corruption tomber de votre esprit, et la lumière de Dieu descendre sur vous. Je vois des rideaux s'ouvrir, et la libération de toute destinée enfermée jusque-là.

Je vois enfin des cellules familiales être restaurées et la gloire de Dieu les envi- ronner.

Ce sujet nous intéresse parce que nous voulons bâtir des foyers solides, avoir des enfants équilibrés et épanouis. On ne naît pas parent, mais on le devient. Et autant d'enfants nous en aurons, autant de fois nous serons parents, chaque enfant étant unique… Même si la base de l'éducation familiale reste la même pour tous. Certains de se demanderont assurément pourquoi avoir commencé les trois premières parties de ce livre avec des sujets qui traitent de l'importance de la cellule familiale. A ceux-là, je répondrai simplement en disant que la cellule familiale est également une des sources de la corruption.

Les psychologues disent que : « 90% de la personnalité d'un enfant est formée avant l'âge de 7 ans ». Si tel est le cas, alors chers amis, comment expliquez-vous le fait que deux enfants ayant environs 7 ans, appelés corrupteur et corrompu. Corrupteur est surpris par corrompu en train de prendre quelque chose qui ne lui appartient pas, et qu'en échange de son silence, Corrupteur lui donne une portion du bien qu'il a acquis de façon illégale !

Questions : comment appelle t-on l'acte qu'ils viennent de poser ? A votre avis, où ont-ils appris à le faire ? Et en plus, ce sont des enfants de moins de 7 ans.

Les lignes qui vont suivre n'ont pas pour objectifs de vous culpabiliser, loin de là, mais d'offrir un cadre de partage sur la pensée de Dieu sur ce sujet capital pour nous parents.

Si Dieu est l'auteur de toutes choses, qui d'autre peut mieux que lui nous conseiller sur comment éduquer nos enfants ? De même que le fabriquant d'un appareil électroménager qui nous vend son produit en y incluant une notice d'utilisation, Dieu nous a donné sa parole qui révèle sa pensée sur tout ce qu'il a créé.

I

PARENTS CHRETIENS, QU'ELLE EDUCATION POUR NOS ENFANTS ?

Chers amis, il est écrit dans 2 Timothée 3 : 16 que : « Toute écriture est inspirée de Dieu, et utile pour enseigner, pour convaincre, pour corriger, pour instruire dans la justice ».

Et le dictionnaire nous aide en ce sens qu'il définit le terme éduquer comme étant l'action de :« élever, enseigner, façonner, former, guider De même instruire. De développer toute facultés physiques, mais aussi intellectuelles et morales.
D'apprendre à quelqu'un les usages de la société et les bonnes manières ».

A partir de cette définition, vous pouvez comprendre que chaque culture recèle un contenu en fonction de ce qu'elle veut transmettre aux générations futures.

Dans le royaume auquel nous appartenons, Dieu a pris le soin de mettre, dans la Bible, le manuel de procédures de la façon dont nous devrons éduquer nos enfants. Le monde inculque ses valeurs, ses normes et son caractère et Dieu en fait autant envers les siens.

Proverbes 22 : 6, dit : « Instruis l'enfant selon la voie qu'il doit suivre. Et quand il sera vieux, il ne s'en détournera pas ».

A la lumière de ce passage, nous pouvons comprendre qu'éduquer peut recouvrir le contenu suivant :

-Transmettre à l'enfant un ensemble de règles, de principes auxquels il doit se conformer (lui apprendre à obéir).
-L'entraîner dans la pratique de ces règles jusqu'à ce qu'elles deviennent des habitudes pour lui (la mise en pratique).

Les habitudes une fois en place forgent en lui un caractère (une personnalité).

-Le caractère bien assis garantit sa destinée, son avenir et donc sa réussite.

Chaque jour nous disons à nos enfants : « Range ta chambre, fais tes devoirs d'abord avant de faire ceci où cela, ne pose pas la main sur ton frère, partage… ». Et lorsque quelquefois nous voulons nous montrer plus insistants, nous rajoutons : « attention sinon tu seras puni, tu n'iras plus à la salle de jeux où à l'anniversaire de ... ». Pourquoi disons-nous toutes ces choses ?

Tout simplement, parce qu'il y a des valeurs derrières chacune de ces instructions que nous délivrons. Le respect, l'amour, le courage, l'ordre, la diligence, l'honneur, sont des valeurs qui sont déjà bien loin d'être naturelles chez l'adulte et encore moins chez l'enfant.

Quand nous brandissons une punition ou arrivons à exécuter celle-ci, notre seul but est de faire asseoir une valeur donnée. En effet, la valeur à intégrer est plus importante et bénéfique pour la vie que le confort du moment.

Une Fessée d'amour

Proverbes 22 :15 déclare que : « la folie est attachée au cœur de l'enfant, la verge de la correction l'éloignera de lui ».

Cette parole n'est pas un feu vert pour maltraiter, malmener, brutaliser un enfant et l'élever de manière injuste et non constructive. Ne détournons pas la parole en l'instrumentalisant pour justifier des attitudes de cœur que Dieu a réprimées. Apprendre l'obéissance, les bonnes manières à un enfant n'annule ni n'amoindrit notre amour pour lui, bien au contraire ! Quel amour pourrait égaler l'amour de Dieu pour chacun de nous ? Pourtant il est écrit dans Hébreux 12 :6 : « car le Seigneur châtie celui qu'il aime, et il frappe de la verge tous ceux qu'il reconnaît pour ses fils ».

Pourquoi donc cela ? Reconnaissons que nous sommes quelquefois si difficiles à faire entendre raison que, par amour pour nous, notre père céleste peut permettre des épreuves afin que nous comprenions ses plans et demeurions dans ses projets.

Il en est de même pour les parents.

Puisse Dieu vous accorder son soutien dans ce rôle de parent par la personne du gouverneur général du royaume des cieux, le Saint-Esprit, lui qui peut nous enseigner toutes choses.

II

LA PROSPERITE DE LA SOCIETE EN DEPEND…

En instituant le mariage, Dieu a destiné la cellule familiale à être l'élément de base de la société. Il a ordonné que les membres d'une famille vivent ensemble et qu'ils se soutiennent pour éduquer et élever leurs enfants.

« Face à un sujet délicat dont la compréhension n'est pas souvent aisée, il est nécessaire de sonder les écritures avec l'aide du Gouverneur Général du royaume des cieux, le Saint – Esprit ».

Matthieu 19 : 4-6 dit : « N'avez-vous pas lu que le créateur, au commencement, fit l'homme et la femme… » et qu'il dit : « c'est pourquoi l'homme quittera son père et sa mère, et s'attachera à sa femme, et les deux deviendront une seule chair… ». Ainsi ils ne sont plus deux, mais ils sont une seule chair.

Que l'homme donc ne sépare pas ce que Dieu a uni.

La prospérité d'une société repose en grande partie sur la qualité des structures familiales qui la composent.

Aujourd'hui, malheureusement, la cellule familiale traverse une période de crise sans précédent, ce qui fait qu'elle se trouve au bord de l'éclatement. Et les foyers chrétiens sont actuellement en train de s'affaiblir.

D'où la nécessité pour chaque chrétien et chaque chrétienne de se réajuster afin de restructurer et d'harmoniser les liens au sein de ce cadre aux apparences ordinaires, mais là où l'amour de Dieu transforme des personnes ordinaires en des vainqueurs, en des hommes et des femmes de destinées qui impactent positivement leur génération.

La cellule familiale n'est pas un lieu ordinaire, c'est une source de révélation des managers des organisations, des ingénieurs de renom, des médecins et magistrats assermentés, des enseignants, des chercheurs, architectes chevronnés, des hauts cadres dont la société a besoin, et qui partagent le mieux les valeurs d'intégrité, d'éthique, de bonne gouvernance, de respect des biens publics, et ayant pour leitmotiv la conscience professionnelle et l'amour du prochain.

Satan le sait et en est bien conscient et c'est la raison pour laquelle il a fait de la destruction de la cellule familiale sa priorité. En effet, il connait la pensée de Dieu sur son indispensabilité dans le développement d'une société équilibrée.

Principe fondamental.

Cher amis, la prospérité de la société dépend de la qualité des familles.

Les psychologues disent que :
« 90% de la personnalité d'un enfant est formée avant l'âge de 7ans ». Et le Pasteur Principal d'Impact Centre Chrétien (ICC) Yvan CASTANOU renchérit en disant je cite : « Cela veut dire que c'est avant l'âge de 7ans qu'il faut mettre le maximum, c'est là qu'il faut mettre les fondamentaux, ce qu'on doit apprendre à un enfant à

développer, les bonnes habitudes, c'est cette phase de sa vie qu'il ne faut pas rater, parce que si nous la ratons, ce n'est pas que ça demeure impossible, mais cela deviendra beaucoup plus difficile ».

Vous l'avez compris ! Un enfant qui a appris l'obéissance et le respect des valeurs au sein de la cellule familiale, conformément aux Saintes Ecritures, les appliquera sans aucune difficulté envers Dieu et la société. De même, il sera difficile à un enfant dont les fondements ont été bâtis sur une autre source que celle de la parole de Dieu, de s'en sortir dans ce monde. La bible ne le dit-elle pas dans le Psaumes 127 :1 : « Si l'Éternel ne bâtit la maison, ceux qui la bâtissent travaillent en vain ».

Nulle part ailleurs…

Chersamis, même le monde s'accorde à reconnaître que la cellule familiale est le lieu par excellence de révélation des hommes et des femmes de destinées qui impactent positivement leur génération, et dont la société a besoin. Parcourons ensemble un instant les données du système des Nations Unies et celle de l'Humanium.

Elles estiment à « 150 millions le nombre d'enfants définis comme enfants de la rue, et Humanium estime à 30 millions en Afrique ». Comme cause majeure, l'explosion de la cellule familiale et tous conviennent à dire qu'il faut revenir au modèle d'origine, celui institué par Dieu, c'est-à-dire le modèle monogamique, parce que :

-La rue n'engendre pas des médecins, non plus des ingénieurs, pas même des enseignants.

-De la rue ne peut provenir aucun développement.

-La rue n'a ni la compétence, ni la vocation, ni les moyens de prendre soin de nos enfants.

-Leur place est à la maison, dans leurs familles respectives où ils doivent apprendre à aimer, respecter et servir la société…

La polygamie, une des sources de corruption.

La polygamie est un mariage non-conforme aux Saintes Écritures que chacun devrait chercher à éviter. Mais force est de constater que beaucoup de personnes l'approuvent et la préfèrent comme modèle. Les personnes se créent ainsi des problèmes dans leurs foyers et c'est la société qui en subit les conséquences.

Les amis, la parole de Dieu est claire à ce sujet pour ceux qui veulent se conformer et engendrer des générations de femmes et des hommes incorruptibles et qui influencent positivement leur environnement. Elle démontre aisément que la polygamie est une source de corruption, un frein au développement de la société, et un péché qu'il nous faut fuir.

Vous allez certainement me dire : Frère Emmanuel, pourquoi l'affirmez-vous, êtes-vous sûr ? Ce n'est pas moi qui l'affirme, mais c'est Dieu lui-même qui le dit dans sa parole. Lorsqu'il institua le mariage il dit :

Premièrement : « Je lui ferai une aide » et non des aides.

Deuxièmement : « l'homme s'attachera à sa femme » et non à ses femmes.

Troisièmement : « Et les deux deviendront une seule chair » pas les trois ni les quatre.

Matthieu 6 :24 dit : « Nul ne peut servir deux maîtres. Car, il haïra l'un, et aimera l'autre ; ou il s'attachera à l'un, et méprisera l'autre. Vous ne pouvez servir Dieu et Mamon ».

Chers amis, Dieu est en train de vous dire en d'autres termes, que vous ne pouvez aimer deux femmes à la fois.

Sinon, vous aimerez plus une et le fruit de ses entrailles. Ce qui voudrait dire, que d'une sortira un enfant dont on enseignera les valeurs d'intégrité, d'éthique, de bonne gouvernance, de respect des biens publics. Israël aimait joseph plus que tous ses autres fils… Genèse 37 :3.

Et vous détesterez l'autre ainsi que le fruit de ses entrailles. Conséquences de la désobéissance : « Ses frères virent que leur père l'aimait plus qu'eux tous, et ils le prirent en haine. Ils ne pouvaient lui parler avec amitié ». Genèse 37 : 4. C'est ce que la parole de Dieu appelle : race des méchants, aux enfants corrompus dans Esaïe 1 :4.

Je déclare au nom de Jésus que votre postérité sera trouvée juste parmi les peuples de ce monde et que par la grâce de Dieu, elle impactera positivement toute sa générattion.

III

QU'EST-CE QUI VOUS SURPREND ?

Lorsque certains évènements heureux ou malheureux de la vie nous arrivent, ou arrivent aux membres de nos familles, pour la plupart sur les plans professionnels ou académiques, nous observons très souvent des expressions de visage et de comporte- ment qui nous laissent à désirer. A en croire certains, c'est comme si, ils étaient surpris par les résultats des systèmes d'évaluation du personnel soit trimestrielle, semestrielle ou encore annuelle selon que lesdits systèmes sont définis dans le plan stratégique de ces organisations. Il en est de même pour un élève ou un étudiant au moment de la remise des résultats de fin d'année.

Les amis, comment pourrons-nous penser un seul instant être promus lorsque nous arrivons en retard à nos lieux de travail respectifs ou d'études et repartons tôt, sans avoir effectué nos tâches de la journée ou réviser nos cours, du fait d'entretenir des bons rapports avec le « top manager », oubliant parfois que nous l'exposons auprès des autres collaborateurs à cause de nos attitudes ! C'est insensé ! Si nous sommes face à ce cas de figure, c'est que les fondements, la personnalité de celui ou celle qui manifeste un tel comportement, ont été bâtis dans une cellule familiale conforme au modèle adamique, c'est-à-dire : dont le renouvellement, le changement de système de pensée n'a pas encore pris effet (le métanoia).

Et la parole de Dieu dit à ce sujet dans Galates 6 :7- 8 : « Ne vous y trompez pas : on ne se moque pas de Dieu. Ce qu'un homme aura semé, il le moissonnera aussi ». Celui qui sème pour sa chair moissonnera de la chair la corruption ; mais celui qui sème pour l'Esprit moissonnera de l'Esprit la vie éternelle.

Famille autiste…

Oui les amis ! Certaines familles ont décidé de se spécialiser en la matière, en étant des acteurs majeurs aux divers troubles de développement humain, inculquant ainsi à leur enfants des comportements stéréotypés et persévérant dans cette voie sans issue !

Comment une famille peut-elle être surprise de voir leur enfant exclu de son établissement, ou révoqué de ses fonctions et mis à la disposition des autorités judiciaires pour des motifs de malversations financières, détournement des deniers publics ou blanchiment des capitaux ? Dès lors ou le baromètre familial indique que ce que l'on a semé avant l'âge de 7 ans au moment de la formation de sa personnalité selon le modèle adamique, fera de lui ou d'elle 20 ans plus tard, un descendant de Caïn.

De même, un supporteur de football qui suit un match en différé, serait-il surpris par les résultats du match ? Non !

Bien au contraire, il sera à l'aise. Pourquoi ? Parce qu'il se serait déjà renseigné au préalable sur les résultats. Pour lui, ce serait simplement une formalité à remplir. Ne détournons pas la parole de Dieu au détriment des règles que nous impose la société, non pas que nous ne devons les respecter, mais penser que l'école à elle seule serait le cadre par excellence pour éduquer nos enfants à notre place, c'est une vue de l'esprit, chers amis ! L'école ne fait que renforcer l'éducation que les enfants ont reçue à la maison.

Nous rappelons aux Parents que c'est à la maison que leur enfant doit apprendre les mots magiques :

Bonjour	Bonsoir	S'il vous plaît
Est-ce que je peux	Pardon	Merci beaucoup
Bonne journée	A très bientôt	Aurevoir

C'est aussi à la maison qu'il doit apprendre :

A Être Honnête	A Ne Pas Mentir	A Être correct
A Être Ponctuel	A Ne Pas dire de Gros Mots	A Faire Preuve de Solidarité
A Respecter Ses Amis	A Respecter les Personnes Agées	A Respecter les Enseignants

C'est toujours à la maison qu'il doit apprendre :

A Être Propre	A Ne Pas Parler la… Bouche Pleine	A Ne Pas Jeter les… Déchets au sol

C'est encore à la maison qu'il doit apprendre :

A Être Organisé	A Prendre soin de ses Affaires	A Ne Pas Toucher les affaires d'autrui

A l'école, il apprendra :

Les Mathématiques	Les Sciences	La Géographie
L'histoire	Les Langues	L'éducation Physique

Par le Saint-Esprit, je déclare que le Seigneur vous indiquera la voie à suivre pour que vous donniez à vos enfants une éducation selon ses instructions, afin de faire d'eux des femmes et des hommes de destinées au nom de Jésus.

IV

QU'EST-CE QUE LA CORRUPTION ?

La bible dit : « …Mais ils ne purent trouver aucune occasion, ni aucune chose à reprendre, parce qu'il était fidèle, et qu'on n'apercevait chez lui ni faute, ni rien de mauvais. (Dn.6 :4). Ils le diront ainsi pour vous au nom de Jésus !

Chers amis, la corruption est un péché qu'il faut fuir comme tout autre péché. Et la parole de Dieu le dit : … Mais ils ne purent trouver aucune occasion, ni aucune chose à reprendre, parce qu'il était fidèle, et qu'on n'apercevait chez lui ni faute, ni rien de mauvais. (Daniel.6 :4)

Le phénomène de la corruption prend aujourd'hui des proportions très inquiétantes, des dimensions si effarantes qu'il tend à affecter tout le monde.

Le Larousse définit le mot corruption comme : « pourrissement, le fait d'être corrompu, dépravé ou perverti. Action de corrompre quelqu'un en le soudoyant pour qu'il agisse contre son devoir ».

L'une des définitions du dictionnaire biblique est : « Les cœurs dépravés par le péché, sont corrompus et entraînent les hommes dans des actes répréhensibles et causent leur perte ».

Une autre définition qui contextualise le phénomène aujourd'hui est celle dont retiennent les institutions internationales disant ainsi que : « la corruption est une rétribution illicite ou tout autre comportement à l'égard des personnes investies de responsabilité dans le secteur public ou le secteur privé, qui convient aux devoirs qu'elles ont en vertu de leur statut d'agent d'Etat, d'employé du secteur privé, d'agent indépendant ».

On distingue alors deux types de corruption. La corruption active et la corruption passive. La première consiste à proposer de l'argent ou un service à une personne qui détient un pouvoir en échange d'un avantage indu. Quant à la deuxième, elle consiste à accepter cet argent.

Un exemple typique de la corruption active et passive est celui d'un homme politique qui reçoit de l'argent, à titre personnel ou pour son parti de la part d'une entreprise de travaux publics et en retour, lui attribue un marché public. Cet homme politique pourrait être accusé de corruption passive : parce qu'il a reçu de l'argent, alors que l'entreprise peut, elle, être accusée de corruption active : parce que, elle lui a proposée de l'argent en contrepartie de l'attribution d'un marché public en violation des procédures d'appels d'offres à candidatures pour soumissionner.

V

LES FORMES DE CORRUPTIONS

Il existe plusieurs formes de corruption. Celles qui sont les plus visibles et qui feront l'objet de notre étude, sont celles retenues par la Banque mondiale. Et à cet effet, elle retient environ huit formes de corruptions :

1-Les dessous de table : ce sont des versements à des responsables officiels afin qu'ils agissent plus vite, de façon plus souple et favorable. Par exemple : lors des recrutements, des attributions de marchés ; à l'occasion du choix de zones devant abriter un projet ; lors des examens et concours, des attributions de bourses ; lors du choix de personnes devant accéder à un poste de responsabilité ; lors des conflits domaniaux, des décisions de justice ; lors des prestations de services publics (santé, écoles…)

2-La fraude : c'est la falsification de données, de factures, la collusion (entente secrète au préjudice d'un tiers…)

3-L'extorsion : c'est l'argent obtenu par coercition ou la force.

4-Le favoritisme : qui peut prendre la forme du népotisme ou de la collusion, c'est le fait de favoriser des proches sans compétence. (Promotion des cadres de même nominations…)

5-Le détournement : c'est le vol de ressources publiques par des fonctionnaires. Par exemple, par la voie des surfacturations, des fausses factures. Il faut aussi ajouter le phénomène de cadeaux et de pot de vin.

6-Les cadeaux et les pots de vin : le cadeau est un objet ou de l'argent offert pour faire plaisir à quelqu'un. Il peut cacher des intentions. Le pot de vin consiste en une somme payée en dehors du prix convenu pour obtenir, conclure un marché.

7-La grande corruption : c'est une corruption à haut niveau où les décideurs politiques créent et appliquent les lois, utilisent leur position officielle pour promouvoir leur bien être, leur statut ou leur pouvoir personnel.

8-La petite corruption : c'est la corruption bureautique dans l'administration publique. Au niveau de l'administration (publique ou privée).

Le phénomène se manifeste par : le non respect des procédures des appels d'offre ; les pierres déposées sur un dossier pour en accélérer le traitement au détriment d'autres ; les 10% exigés sur les marchés et toutes autres commandes ; l'achat des permis de conduire, le trafic des visites techniques, etc. Les faux frais payés aux ports autonomes de certains pays et à chaque étape ; l'achat de diplôme, de note, dans les écoles et les universités ; le rançonnement ; etc.

Ainsi examinée, la corruption est présente dans tous les milieux et dans tous les rapports (professionnels, politiques, etc.) qu'elle dénature. Tout s'analyse sur la base de calcul, de ce qu'on peut gagner auprès de l'interlocuteur. Rien n'est plus gratuit. La moindre « générosité » est intéressée. Devenue la norme, la corruption semble légalisée et change les habitudes, modifie les comportements dans la société.

Vous venez d'être édifié dans ce chapitre sur les différentes formes de corruption que reconnaît la Banque mondiale, dans le chapitre suivant, nous allons aborder les causes de cette gangrène.

Dites avec moi :

"Seigneur, garde-moi financièrement sain. Baptise-moi de ton intégrité. Ne permet pas à l'argent de corrompre mon destin en toi. Seigneur, aide-moi à conserver cette vie éternelle tous les jours de ma vie".

VI

LES CAUSES DE LA CORRUPTION

Il est difficile de cerner toutes les causes de la corruption. Puisque l'argent est au centre de la plupart des transactions liées à la corruption. On peut dire tout de suite que c'est lui qui est à la base de ce fléau.

Cela est si vrai que l'état de pauvreté des pays en voie de développement s'y prête. Les revenus ne permettent pas de faire face aux besoins quotidiens. La vie coûte cher. La pauvreté empire et c'est la misère qui s'installe. Pour arrondir les fins de mois, la tentation du fonctionnaire est de céder à la corruption. La pauvreté sévit d'autant plus que la famille africaine est large. Les bouches à nourrir son nombreuses. L'assertion selon laquelle : « le nid du pauvre est toujours fécond » est observée. On se reproduit trop. Le cercle de la famille s'élargit avec les proches parents qui nous ont soutenus à l'école ou à l'apprentissage, ces derniers méritent la reconnaissance. Il faut leur venir en aide et savoir les remercier. Les liens parentaux ne suffisent plus pour qu'ils se souviennent de nous.

A cela s'ajoute les cérémonies onéreuses, tels que mariages, décès, baptêmes, communions, etc.

En dehors de tout cela, on doit faire des réalisations. Il n'y a que l'argent pour résoudre tous ces problèmes. Mais le revenu moyen peut-il faire face à tous ces besoins ?

Où trouver le complément ?

Si à ce niveau, c'est le manque d'argent qui peut expliquer le phénomène, que dire alors des pays développés où le phénomène de corruption est incessant ? Même dans la « maison de l'argent » (la Banque Mondiale), la corruption est présente. Leurs auteurs manquent-ils tant d'argent ? L'argent seul n'est plus la cause de la corruption.

Elle doit aussi être cherchée dans le cœur de l'homme. Oui chers amis, l'homme est égoïste et ne pense qu'à lui-même. Dieu n'a t-il pas dit que le cœur de l'homme est tortueux par-dessus tout ? Le cœur humain est malade, et avec lui l'esprit. C'est ce qui fait souffrir l'âme et le corps. Le vrai motif de la corruption reste le cœur de l'homme. Dans les pays à faibles revenus, tout le monde n'est pas corrompu. Il y a des personnes intègres qui se contentent de leurs maigres revenus alors qu'il y a des gagne- gros qui sont corrompus.

La corruption est une disposition intérieure de l'homme. Aucun corrompu ne peut se justifier par son maigre revenu. « L'être humain s'est laissé absorber par l'avoir », a dit Ebenezer NJOH-MOUELLE.

Le combat contre ce fléau s'apparente à celui contre la pauvreté, le VIH/SIDA. Il est dur et n'est pas facile à vaincre, mais pas non plus impossible.

Jésus dit dans Matthieu 15 : 19 : « Car c'est du cœur que viennent les mauvaises pensées, les meurtres, les adultères, les impudicités, les vols, les faux témoignages, les calomnies ». Par conséquent, si vous voulez vous prémunir contre la corruption, il vous faut changer de cœur, et changer de cœur consiste à accepter Jésus et marcher d'après ses préceptes. Des gens comme Daniel l'ont fait et ont donné de bons exemples à suivre aujourd'hui pour que vous soyez trouvés juste et fidèle.

Jean-Baptiste également vous donne de sages conseils qui sont utiles à suivre. Lisons ensemble ce qu'il dit aux employés des régies financières et aux forces de sécurités : « Des employés des impôts viennent aussi pour que Jean les baptise. Ils demandent à Jean : Maître, qu'est-ce qu'il faut faire ? » Jean leur répondit : « vous savez ce qu'on doit payer pour l'impôt. Ne demandez pas plus ». Des militaires demandèrent aussi à Jean : « Et nous, qu'est-ce que nous devons faire ? » Il leur répondit : Ne prenez d'argent à personne, ni par force, ni par le mensonge. Contentez-vous de votre salaire ». Luc 3 : 12-14 (bible Parole de vie).

Vous n'avez pas besoin d'aimer l'argent pour l'avoir : aimez Dieu pour en avoir. Choisissez d'aimer le fabricant pour en avoir en abondance, plutôt que d'aimer le produit. Les amoureux de l'argent sont à jamais perdus, mais ceux qui aiment Dieu sont éternellement bénis.

Je déclare que votre avenir est garanti en Jésus Christ. Que le Gouverneur Général du royaume des cieux, le Saint-Esprit vous aide à vivre aujourd'hui dans la droiture. Que les valeurs d'intégrité soient votre système de pensée pour sécuriser votre avenir, et celui des générations après vous.

VII

LA CORRUPTION, UN PROBLEME DE SOCIETE

Rien ne corrompt plus que l'argent dans le monde aujourd'hui. Les hommes passent leur temps à organiser des coups bas pour avoir des avantages des uns et des autres. Lorsque la Bible parle de combattre le bon combat de la foi dans 1 Timothée 6 :12 ; c'est à l'argent qu'elle fait allusion. Vous devez combattre la corruption financière, sinon, c'est elle qui vous emportera.

La corruption financière est une attaque charnelle et est la racine de tous les maux ; et quelques-uns, en étant possédés, se sont égarés loin de la foi, et se sont jetés eux-mêmes dans bien des tourments…

Dans certaines sociétés, la corruption est érigée en système de gestion aujourd'hui. Ne réussissent que ceux qui ont des bras longs ou qui ont déposé une pierre sur leurs dossiers. Les relations et amitiés se nouent tous azimuts à cette seule fin.

Tant pis pour ceux qui ne connaissent personne ou qui n'ont aucun moyen. Les diplômes obtenus sur cette base ne servent qu'à pérenniser le phénomène avec son cortège de vol, de mensonge, de détournement, de rançonnement, etc. Quelquefois, vous pouvez même donner le pourboire sans obtenir le résultat escompté. Il est difficile aujourd'hui de vivre sans corruption.

Dans « Regard de la corruption dans un pays frère », l'agence de presse a publié en 1999, une série de reportages et d'enquêtes journalistiques sur le phénomène. Aucun secteur n'était épargné, l'Hôpital, l'Université, la Justice… sont des milieux infestés par la corruption, du plus bas de l'échelle jusqu'au niveau le plus élevé de l'administration. Les corrompus et les corrupteurs se donnent la main.

Le système éducatif qui devrait en principe permettre de former des cadres intègres et compétents constitue même un laboratoire pour la corruption : les notes et les diplômes s'achètent pendant que ceux qui n'ont aucun moyen et qui étudient vaillamment échouent. Ce sont ces cadres qui se retrouvent dans les différents secteurs économiques pour perpétrer leur basse besogne, poursuivre leurs œuvres aux dépens des autres.

Dans les pays développés et dans les institutions internationales, la corruption existe aussi, et même à grande échelle. La Banque Mondiale vit le phénomène. Il n'est pas propre aux pays en voie de développement.

La corruption a modifié les rapports humains. Plus rien n'est gratuit. Le moindre service que vous demandez, même à un enfant fait appel à un geste que vous devez faire. Pour camoufler le phénomène, on utilise d'autres termes comme : motivation, encouragement, etc. Mais quoi qu'il en soit, ce n'est pas moins que la corruption, le vol.

Le phénomène aujourd'hui est présent en milieu chrétien. Il y a des chrétiens à la foi ébranlée qui sont aussi corrompus. Ils corrompent et se font corrompre. Est-ce à dire que la corruption est contagieuse et irréductible ?

Ma prière est que vous soyez délivrés des liens maléfiques de la corruption financière, de telle sorte que vous ne soyez plus en état d'excitation maximale à la vue de cette matière destructrice, au nom de Jésus.

VIII

LA CORRUPTION, UN PROBLEME SPIRITUEL

La corruption fait partie des maux dangereux dont souffre la société. Au temps de Noé, elle existait déjà avec ces mêmes pratiques. Le cœur de l'homme ne pense qu'au mal. Il en était ainsi hier et il en est encore aujourd'hui. La parole de Dieu dit dans Jérémie 17 : 9 : « le cœur de l'homme est tortueux par-dessus tout ».

Jésus a indiqué clairement dans Mathieu 15 :19 que :
« Les mauvaises pensées qui s'extériorisent par des actes, viennent du cœur de l'homme.
Si le cœur est malade, cela veut dire que tout l'être est malade. Ce qui voudrait ainsi dire que c'est un problème spirituel.
Dans Matthieu 23 :26, le Seigneur demandait aux pharisiens de nettoyer l'intérieur de la coupe et du plat afin que l'extérieur soit propre. C'est la même chose pour le

cœur de l'homme. Tant que le changement du cœur ne s'opère pas, il n'y a pas lieu d'espérer que les hommes se conduisent bien. Le cœur de l'homme est malade et a besoin de guérison. Ce n'est que celui qui s'est donné à Jésus, dont la vie est véritablement transformée qui peut être guéri du mal de la corruption.

Nous lisons ensemble le récit de Simon dans actes 8 : 18-24. Ilvoulait corrompre Pierre ou du moins Dieu, pour être capable d'imposer les mains aux gens afin de leur donner le Gouverneur Général du royaume des cieux, le Saint-Esprit, comme si le Saint-Esprit se vendait ou se distribuait. Voyons jusqu'où est allée la pensée de Simon. Aux versets 22 et 23, Pierre lui répondit :« Répands-toi donc de ta méchanceté, et prie le Seigneur pour que la pensée de ton cœur te soit pardonnée, s'il est possible ; car je vois que tu es dans un fiel amer et dans les liens de l'inquiétude. » Simon n'avait encore rien compris. Il voulait continuer à mener la vie qu'il menait auparavant, croyant que les Apôtres ou Dieu pourraient être corrompus.

C'est ainsi qu'agissent beaucoup de personnes à l'égard de Dieu : on veut acheter ses grâces. Le cœur qui est ainsi ne peut vivre sur cette terre sans corrompre ni être corrompu. La repentance que Pierre a demandée à Simon est nécessaire pour tout homme avant d'être capable de surmonter le fléau de la corruption.

Comme pour tout péché, Jésus demeure la seule vraie solution pour guérir l'homme de la corruption. Si le cœur change, le comportement changera aussi. L'exemple de Daniel chez qui on n'a pu trouver ni fraude, ni rien de mauvais est édifiant et doit nous interpeler.

C'est pourquoi les actions, les mouve-
ments, les observations, etc. dits de moralisation de la vie publique ou de lutte contre la corruption n'arriveront pas à renverser la tendance si rien ne se fait à l'endroit de la vie privée et personnelle des individus.

Chercher à changer la mentalité, le cœur et la conception des biens de ce monde chez un homme et une femme, ne peut être fait qu'à l'aide de la parole de Dieu et par le Gouverneur Général du royaume des cieux, le Saint-Esprit. Voilà ce qui justifie que le combat contre la corruption concerne l'Eglise et le Chrétien.

Je rends grâce à Dieu que vous soyez toujours intègres sur le plan spirituel comme l'ont été nos ancêtres d'alliance, Abraham, Isaac et Jacob au nom de Jésus Christ. Que la providence divine soit votre partage par le Gouverneur Général du royaume des cieux, le Saint-Esprit.

IX

LES CONSEQUENCES DE LA CORRUPTIONS

Ne vendez pas votre destinée aux enchères sur le marché de la corruption financière. Cela est très dangereux pour votre âme.

La corruption, quelles que soient son appellation et sa forme, entraîne des conséquences tant sur les individus qu'au sein de la société. Les rapports humains sont complètement modifiés et faussés. C'est l'argent qui est au cœur de tout. Celui qui n'en a pas pour donner est marginalisé et exclu. Il est condamné à ne jamais réussir. Le fossé des inégalités se creuse. Les riches sont de plus en plus riches et les pauvres de plus en plus pauvres.

Les têtes bien faites (cadres compétents) n'émergent pas parce qu'ils n'ont pas d'argent pour donner ni personne pour leur apporter une aide. Les marchés publics appartiennent à ceux qui savent « mouiller » et « graisser les pattes ».

En politique, après les campagnes onéreuses, on comble le vide par les détournements des deniers publics, la corruption, etc. Dans les formations sanitaires, dans les centres hospitaliers si vous ne connaissez personne, vous mourrez sans assistance. Dans le domaine de la justice et du droit, si vous ne faites pas ce qu'il faut et n'aviez pas de connaissances, lors d'un procès les chances sont minimes d'obtenir gain de cause. La justice aujourd'hui est altérée jusqu'au sommet de la hiérarchie...

En un mot, les bases de la société sont faussées. Les valeurs s'effritent. Les infrastructures réalisées dans la corruption ne mettent pas de temps. Il faut les renouveler alors qu'on n'a pas fini de rembourser le prêt qui a permis de les réaliser. Les services offerts (éducation, santé, etc.) sont de mauvaises qualités. Plus rien de durable ne se fait parce que la base est corrompue.

Pour finir, l'Etat est surendetté. Le panier de la ménagère souffre. Le développement sociétal dans tout domaine confondu en prend un sévère coup. Avec les emprunts à n'en plus finir, un Etat peut-il prétendre à un essor considérable ? On reste dépendant des institutions internationales et des maîtres colons qui vous dictent leurs politiques. Ce sont des tensions permanentes au cœur des populations délaissées qui naissent et engendre un climat instable de la vie sociale.

La corruption entraîne la corruption et fait main basse sur le développement. Les pays sous-développés s'enlisent encore dans un marasme économique sans nom.

A quand donc l'émergence ?

Mais vouloir lutter contre ce fléau, c'est chercher à tirer le diable par la queue. Pour réussir ce combat, il faut attaquer le mal à sa racine, c'est à dire mettre le cœur de l'homme en soins intensifs.

X

LE CHRETIEN FACE A LA CORRUPTION

Le phénomène de la corruption laisse croire qu'il est inéluctable et invincible. Aujourd'hui la lutte contre la corruption est engagée dans beaucoup de pays mais sans vrai succès parce que c'est un cercle vicieux. C'est une lutte de longue haleine. Elle fait des ennemis contre toute personne qui s'y engage.

C'est le cas de certains pays où ce combat est engagé contre les fossoyeurs de l'économie. Il faut une autre stratégie : c'est celle du changement du cœur. Le combat contre la corruption devrait être un combat de cœur. Comme le Seigneur Jésus l'a dit, c'est du dedans du cœur que viennent les mauvaises choses comme la corruption.

Chers amis, les conseils de Jean-Baptiste sont de sages conseils. Relisons ensemble ce qu'il dit aux employés des régies financières, ainsi qu'à ceux des forces de sécurités : « Des employés des impôts viennent aussi pour que Jean- Baptiste les baptise. Ils lui demandent : « Maître, qu'est-ce qu'il faut faire ? » Jean leur répondit : « vous savez ce qu'on doit payer pour l'impôt. Ne demandez pas plus ». Des militaires demandèrent aussi à Jean : « Et nous, qu'est-ce que nous devons faire ? » Il leur répondit : « Ne prenez d'argent à personne, ni parforce, ni par le mensonge. Contentez-vous de votre salaire ». Luc 3 : 12-14 (bible Parole de vie).

Le chrétien, sel et lumière du monde, doit avoir une attitude claire face à la corruption : il ne doit ni corrompre ni être corrompu. Il doit considérer le phénomène comme péché et le traiter comme tel.

Pour gagner la bataille contre la corruption (active ou passive), le chrétien doit :

-Être laborieux au travail, à l'école, etc.

-Apprendre à donner le meilleur de lui-même. Proverbes 22 :29 dit : « Regarde celui qui travaille bien. Il pourra se présenter au service du roi, au lieu de rester parmi les ouvriers qu'on ne connaît pas. » (Parole de vie). Le monde corrompu, lui-même recherche des hommes intègres et émérites.

On devient incontournable lorsqu'on soigne bien son travail et dans ce cas, la porte s'ouvre et avec elle plusieurs opportunités. L'intégrité devient une norme et garantie l'abondance.

-Être incorrompu et incorruptible. Le chrétien qui s'adonne à la corruption ne pourra pas se dégager de ce piège.

-Celui qui décide dans son cœur avec Dieu de ne jamais se corrompre et de ne jamais corrompre son prochain sera soutenu et relèvera le défi. Il faut veiller à n'être lié par aucun cadeau.

Comme le disait un philosophe, « le cadeau asservit ».

-Considérer la corruption comme un péché et le traiter comme tel. Si nous percevons la corruption simplement comme une chose mauvaise, nous allons la caresser et y succomber. Mais si nous la considérons comme un péché au même titre que le vol, le mensonge, la fornication, l'adultère, etc. Nous la haïrons et la traiterons comme cela se doit. Dans ce cas, il nous faut beaucoup prier. Celui qui s'engage dans la prière et sait confier toutes ses affaires à Dieu verra des portes s'ouvrir à lui.

-Compter sur Dieu. Paul a dit en Ph. 4 :19 : « Et mon Dieu pourvoira à tous vos besoins selon sa richesse, avec gloire en Jésus- Christ ».

La bénédiction de Dieu ne passe pas par la corruption mais par l'obéissance à la parole de Dieu. La bible dit : « Si tu obéis à la voix de l'Eternel, ton Dieu, en observant et en mettant en pratique tous ses commandements que je te prescris aujourd'hui, l'Eternel, ton Dieu te donnera la supériorité sur toutes les nations de la terre.

Voici toutes les bénédictions qui se répandront sur toi et qui seront ton partage, lorsque tu obéiras à la voix de l'Eternel, ton Dieu :

Tu seras béni dans la ville et tu seras béni dans les champs.
Le fruit de tes entrailles, le fruit de ton sol, le fruit de tes troupeaux, les

portées de ton gros et de ton menu bétail toutes ces choses seront bénies.

Ta corbeille et ta huche seront bénies.

Tu seras béni à ton arrivée, et tu seras béni à ton départ.

L'Eternel te donnera la victoire sur tes ennemis qui s'élèveront contre toi ; ils sortiront contre toi par un seul chemin, et ils s'enfuiront devant toi par sept chemins.

L'Eternel ordonnera à la bénédiction d'être avec toi dans tes greniers et dans toutes tes entreprises. Il te bénira dans le pays que l'Eternel, ton Dieu, te donne.

Tu seras pour l'Eternel un peuple saint, comme il te l'a juré, lorsque tu observeras les commandements de l'Eternel, ton Dieu, et que tu marcheras dans ses voies.

Tous les peuples verront que tu es appelé du nom de l'Eternel, et ils te craindront.

L'Eternel te comblera de biens, en multipliant le fruit de tes entrailles, le fruit de tes troupeaux et le fruit de ton sol, dans le pays que l'Eternel a juré à tes pères de te donner.

L'Eternel t'ouvrira son bon trésor, le ciel, pour envoyer à ton pays la pluie en son temps et pour bénir tout le travail de tes mains ; tu prêteras à beaucoup de nations, et tu n'emprunteras point.

L'Eternel fera de toi la tête et non la queue, tu seras toujours en haut et tu ne seras jamais en bas, lorsque tu obéiras aux commandements de l'Eternel, ton Dieu, que je prescris aujourd'hui, lorsque tu les observeras et les mettra en pratique, et que tu ne te détourneras ni à droite ni à gauche de tous les commandements que je vous donne aujourd'hui, pour aller après d'autres dieux et pour les servir. (Deutéronome 28 :1-14).

Maintenant, au nom de Jésus, je commande à tout ce qui est sur la voie de votre destin et qui tente de vous corrompre d'être détruit. Soyez libre de toutes chaînes, au nom de Jésus. Je voudrais que vous plaidiez en toute conscience et du fond de cœur, le sang de Jésus, pour votre liberté totale et votre délivrance de toutes formes de corruption financière.

Je déclare que Dieu qui a élevé Joseph sur une terre de captivité, sur la plateforme de l'intégrité vous élèvera aussi. Le Dieu qui a élevé Daniel sur une terre d'esclavage, sur la base de sa pureté vous distinguera aussi. Le Dieu qui a élevé Job au milieu de l'adversité, sur la base de son intégrité et de sa pureté, vous élèvera aussi et l'intégrité vous préservera.

La vertu vous exaltera !

La pureté délivrera entre vos mains l'abondance, au nom de Jésus !

EPILOGUE

La corruption se révèle être un fléau à la fois néfaste et nuisible pour le bien être du chrétien dans sa quête d'homme de foi, de serviteur et servant de Dieu. Ce qui vient amplement d'être élucidé dans ce livre est l'attitude que doit avoir le chrétien face à cette gangrène. A la lumière des écritures et avec l'aide du Gouverneur Général du royaume des cieux, le Saint-Esprit, le chrétien doit pouvoir se dissocier, se distinguer et être toujours juste et intègre parmi les hommes de ce monde.

Tout chrétien est appelé à être conforme à l'image de Jésus. Il est supposé marcher dans les valeurs d'intégrité et d'honnêteté comme Jésus pendant son séjour terrestre. L'intégrité est pour tous. Elle n'est pas pour quelques privilégiés. Si vous êtes né de nouveau, vous êtes rentré dans la famille des femmes et des hommes de destinée.

Ne soyez pas juste excités par les découvertes faites dans ce livre, mais laissez-les transformer votre cœur et vous conduire vers le recouvrement de tout ce que l'ennemi a volé dans votre vie à travers l'application diligente de la parole de Dieu.

Vous ne pouvez pas lutter contre ce fléau dans votre domaine de compétence lorsque vous êtes vide de la parole de Dieu.

Au contraire, vous serez hautement exposés à ce phénomène de corruption. La seule façon de l'éviter est d'être une personne chargée de la parole de Dieu. Votre capacité à porter du fruit dépendra du niveau de la parole de Dieu en vous.

Nous voulons vous encourager à approfondir davantage votre étude biblique sur ce sujet en lisant et méditant sur ces quelques Écritures :

(2 Ch.19 :9; 2 R.20 :3; Da.6 :3-5; Lu 3: 10-14; Ac.6: 3; 8 :18-24; 1 Co.15: 33; No.22 :5-41; Mt. 3 :7-8; 15 :19; 26 :14-16 ;1Th 3 :1-13; De.28 :1-14; Lu 3 :7-14; Pr. 22 :26-29; Ph.4 :19).

Que ce livre de la loi ne s'éloigne point de ta bouche ; médite-le jour et nuit, pour agir fidèlement selon tout ce qui y est écrit ; car c'est alors que tu auras du succès dans tes entreprises, c'est alors que tu réussiras. (Josué 1 :8)

Né le 05 Décembre 1988 à Port-Gentil, Emmanuel OBAKAMBA OMBANA est un fidèle d'Impact Centre Chrétien église locale de Libreville au Gabon, où il sert le Seigneur en tant que jeune d'impact et aide au département de la sécurité.

Assistant Auditeur Financier et Manager des Organisations en Formation (MBA EXECUTIVE), il est actuellement le Responsable Administratif et Financier de C & N.

Très engagé dans les organisations de jeunesse de son pays, il œuvre pour leur épanouissement et est :

- ❖ 1ᵉʳ Vice-président au Conseil Provincial de la Jeunesse de l'Estuaire (CPJE)

- ❖ Ambassadeur de l'Ordre Africain des Grandes Ecoles et Universités (ORAGEU) pour le Gabon

- ❖ Membre Permanent et Consultatif de la Confédération Européenne des Junior-Entreprises (JADE) et de la Junior **Enterprise Global Council (JEGC), pour le Gabon**

- ❖ **Président de la Junior-Entreprise Conseil (JEC) 2017-2018**

Contact: (+241) WhatsApp: 07884406 / 05687575

Email: obakamba@gmail.com

© 2018, Emmanuel Obakamba Ombana

Edition : Books on Demand,
12/14 rond-Point des Champs-Elysées, 75008 Paris
Impression : BoD - Books on Demand, Norderstedt, Allemagne
ISBN : 9782322145850
Dépôt légal : juillet 2018